介護のしごとが楽しくなるこころシリーズ 4

介護サービス NG集

介護現場で
NGなサービスを
事例で紹介し、
理由とともに解説します

監修
内田千恵子
公益社団法人
日本介護福祉士会 副会長
篠﨑良勝
八戸学院大学人間健康学部 准教授

日本医療企画

はじめに

介護職になるまでに、近所や親戚の高齢者のお世話をした経験がある方もいらっしゃると思います。しかし、介護職員という専門職として高齢者の支援をする場合、これまで通りの感覚で利用者にかかわることはできません。介護職として働くには法律で定められたさまざまな制約があり、法律を遵守し、専門知識にもとづいて定められた業務を行わなければなりません。

本書では、第１章で具体的事例にもとづいた介護職の対応を、第２章で介護職が判断に迷うことの多い医療的ケアの方法を、解説します。

間違った対応はトラブルのもとになります。ポケットに忍ばせて、判断に迷うような事柄にあったときは、対応を確認してください。

目　次

第1章　介護職の対応OKとNG

第2章　医療的ケアOKとNG

第1章

介護職の対応 OKとNG

在　宅

利用者と買い物に出かけたら、「一緒にコーヒーでも飲もう」と誘われました。付き合ってもよいでしょうか？

答　え

NG　付き合ってはいけません。

理　由

訪問介護計画や訪問介護手順書に含まれていないサービスは、原則として行うことはできません。介護保険として算定できるもののなかに「一緒に飲食する」という項目がないため、仕事の時間内に行ってはいけないのです。

特別養護老人ホームなどでは介護職員が一緒に食事やお茶をとることもありますが、訪問介護では介護保険法の範囲外です。何らかの理由で喫茶店等へ行くことがケアプラン上で決められていても、介護職員のコーヒー代などを誰が負担するかの問題が残ります。どんな場合でも、利用者からご馳走になることは避けましょう。

対応の仕方

利用者の感情を損ねないように、感じ良く断われることが最も大切です。例えば、「私たちは法律のわくの中で働いていますので、お茶をいただいてしまうと○○さんのお手伝いができなくなってしまいます」というように、やんわりと断わるのがよいでしょう。「法律で決められているからできません」などは感じが悪く、利用者を怒らせかねません。

また、飲み物を入れた水筒やペットボトルなどを持参して、利用者のお宅でお茶を出されても手をつけないようにしましょう。誘われたら、「私も持ってきた飲み物を一緒に飲みますね」と言うとよいでしょう。

利用者と夕食の買い物に行ったら、似合いそうもない服を買おうとしています。止めなくてもよいでしょうか?

答 え

ＯＫ

止めてはいけません。介護職員が関与すべきことではありません。

理 由

「似合いそうもない」とは介護職員の主観であって、利用者には利用者の考えがあります。自分の考えを押し付けないようにしましょう。

対応の仕方

利用者から意見を求められたら、「私は個人的にこちらのほうが好きですが、○○さんの好みもありますから…」と、利用者の選んだものを否定しないようにしましょう。「似合わないですよ」と言わないのはもちろん、「お似合いですよ」と余計なことを言って、買うように誘導するのもいけません。

利用者が買うかどうか迷っているときは、「もう一度着るかどうか考えてみてくださいね」「ゆっくり考えるのも良いのではないでしょうか」と言って、時間を置いてもらうようにするのもよいでしょう。

家族から、利用者には浪費癖があるから買わせないでほしいと依頼された場合は、買わないように誘導します。

在 宅

家族の外出中、利用者がトイレに入っているときに電話がかかってきました。電話に出るべきでしょうか？

答 え

NG 電話に出てはいけません。

理 由

原則として電話に出てはいけません。ただし、ご家族から依頼されていたり、利用者が寝たきりや認知症などで電話に出られず、ケアプランに含まれているときは、電話に出ることができます。

洗面所

家事援助や身体介護の前は手を清潔にする必要があります。

洗面所の使用許可を利用者に求め、許可が得られなかった場合は、持参した消毒用アルコールなどを使用します。許可が得られた場合も、使用してよいのは水だけです。石けんやタオルは自前のものを用意しましょう。

利用者のお宅のものは、自分のものではないという意識をもつことが大切です。

要介護5の利用者のお宅を訪問中に、「孫です」という男性がいらっしゃいました。家に入れてよいでしょうか？

答 え

OK NG

利用者の状態によって対応の仕方は変わります。

理 由

寝たきりなど身体的理由で要介護認定を受けている判断力のある利用者の場合は、確認していただいてから家に入れてかまいません。

ただし、重度の認知症の利用者の場合は、その場では孫なのか確認できません。身元確認のために、相手には連絡先を聞き、その場は帰ってもらいます。認知症の利用者の場合は、記憶障害などで正しい判断ができないこともあるので、たとえ利用者が「この子は私の孫だ」と言っても、確認しないまま相手を家に入れないようにしましょう。

対応の仕方

言いにくいかもしれませんが、介護職として冷静にきちんと対応しましょう。例えば、「大変失礼だと思いますが、私たちも責任をもって介護をさせていただいているので、ご連絡先をうかがって、（身元を）確認させていただいてよろしいでしょうか？」というように、介護職としての責務を果たすのだという姿勢で対応するとよいでしょう。

在　宅

家族に利用者の古い服を捨てたいからまとめてほしいと言われました。行ってよいでしょうか?

答　え

OK NG　利用者と一緒にできるならかまいません。そうでない場合は引き受けないようにしましょう。

理　由

衣類の処分は掃除の一環で頼まれることもあるかもしれませんが、訪問介護の算定対象は「日常生活を営むために最低限必要な範囲の掃除等に限られ」ます。介護職はその範囲を超えることはできません。例えば、押入れの奥から衣類の入ったダンボールを出す必要がある場合は、日常生活に最低限必要な範囲とはいえないので、行うことはできません。

　また、古くても利用者にとっては大切なものがあり、介護職員の判断で勝手に利用者のものを処分することはできません。

対応の仕方

　その場に利用者が同席していた場合は、「お洋服の整理をお手伝いしますね」などのように、介護職員が利用者に確認をとります。同席していない場合は、家族に「私たちでは判断できないので、ご家族で処分するものをまとめてください」と回答し、介護職はそのような判断ができないことを伝えます。

在　宅

道端に黄金色のイチョウの葉が落ちていました。利用者のお宅に持っていってよいでしょうか？

答　え

NG　持っていってはいけません。

理　由

過去に利用者のお宅の庭に咲いていた椿の花を室内に飾った介護職員もいましたが、椿は「枯れずに落ちる」ことから不吉とされており、後で事業所に苦情の電話が入りました。

この例は極端ですが、介護職員がよいと思ったことでも、利用者にとってよいのかはわかりません。利用者が拾ったり、頼まれた場合はもちろんかまいませんが、ただ「きれいだから」とか「利用者の部屋に飾ったら華やぐから」

などの介護職員の主観で持っていくのはやめましょう。

また、道端に生えたり落ちている植物は、ペットが排せつをしている可能性もあり、衛生面が心配です。さらにアレルギーの問題もあり、草花を持っていくのは勧められません。

生活支援を自宅の家事の延長であるかのように錯覚するようでは介護職として失格です。利用者のお宅は介護サービスを提供する場なのですから、介護職員が勝手な判断で利用者のお宅に物を持ち込むのは論外です。

在　宅

利用者の家族から、「皆さんでどうぞ」と菓子折りを持って帰るように言われました。いただいてよいでしょうか？

答　え

NG　いただいてはいけません。

理　由

介護職は利用者や家族から金品を受け取ってはいけません。一度でも受け取れば、次から断われなくなり、何度もいただいているとお互いに気が緩んでいきます。利用者や家族に「菓子折りをあげているんだから、堅苦しいことを言わないで、ちょっと延長してくれてもいいじゃない」と言われかねませんし、そう言われると介護職員も断わりにくくなります。

事業所は「介護職が利用者から金品をいただ

いてはいけない」という教育を徹底しておく必要があります。

対応の仕方

「本当にごめんなさい。介護保険制度がきびしくて、ご利用者からは何もいただくことができないんです。いただいてしまったら、もう来れなくなってしまいます」と、最初に受け取れない旨を伝えることが大切です。場合によっては、「申し訳ないのですが、いただいた料金分のサービスをしています。料金はいただきますが、それ以外は受け取りません」のように、きっぱり断わることも必要です。

また、状況や相手によっては、ユーモアでかわすのも１つの方法です。

認知症の利用者が、「パッドなんて必要ないから取る」と言います。つけてもらわなくてよいでしょうか?

答　え

ＯＫ　パッドをしてもらうように声かけはしますが、無理強いはしません。

理　由

利用者がパッドやおむつをつけない場合の問題点として、失禁して床を汚したときに家族に迷惑がかかる、ということが挙げられます。パッドは快適なものではありませんし、自尊心を傷つけていることもあります。汚れを避けるために、パッドを予防的に使っている場合は、パッド利用について検討する必要もあります。

パッドやおむつなど排せつにかかわることは、対応を間違えると利用者との関係がこじれる非常にデリケートな問題です。こんなときは一度引いて、その理由をさぐってみましょう。

対応の仕方

利用者に対して、「いつも使っていらっしゃるから、これくらいはお使いになってはいかがでしょう」と言葉かけをしてみます。それでも「こんなものはいやだ！」「(パッドをつけずに)頑張ってみる」と言われたら、無理につけてもらうことはしません。パッドをつけてもらうため、「○○さん、失敗しちゃいますよ」などと言ってしまうと、利用者のプライドを傷つけてしまい、「私がいつ失敗したんだ！」「なんであんたにそんなことを言われなきゃなんないんだ！」と怒らせることになります。

利用者がいつも使っているおむつやパッドを「使わない」と言い出したら、介護職員は自分の対応に問題がなかったか振り返り、反省するとともに今後の対応を検討します。

独居の利用者のお宅に野良猫が来て、利用者が餌をやり、家に入れています。止めなくてもよいでしょうか？

答　え

ＯＫ

野良猫が居ついていることは記録に残し、必要なときは、事業所に報告します。

理　由

独居の利用者は孤独や寂しさをかかえていることも多く、動物と触れ合うことで精神的に安定することもあります。猫などの話題をきっかけに介護職を受け入れてもらえることもあるので、無理に引き離そうとはせず、見守ることが大切です。あまりにも汚いなど衛生面に問題がある場合は、事業所に連絡し、家族等と相談してもらうようにしましょう。

トイレマップ

訪問介護の際に、介護職員のトイレが問題となります。利用者のお宅に行くのだから借りればよいと考えるかもしれませんが、それはいけません！　利用者によっては「トイレットペーパー代や流した分の水道代を払え」と言われたりと、何がトラブルの原因になるかわかりません。

こうしたトラブルを未然に防ぐためにも、自分たちでトイレマップをつくる必要があります。トイレマップとは、公共トイレやコンビニなど、トイレがどこにあるかを記した地図で、『○○コンビニでお茶を買えばトイレを快く使わせてくれる』など、コメントも書き込みます。

訪問したら、冷蔵庫が壊れていました。利用者に報告したほうがよいでしょうか?

答　え

OK

すぐに冷蔵庫が壊れていることを利用者、家族に伝えます。利用者の状態にもよりますが、修理や購入などの対処をしてもらいます。

理　由

どんな家電でも壊れていることに気づいたら、すぐに利用者に伝えます。こちらが壊していないことをはっきり言わなければ、介護職員が壊したと疑われます。トラブルを未然に防ぐためにもすぐに報告することが大切です。

対応の仕方

古くていつ壊れてもおかしくない家電類などでも、触れたときに壊れていたら、利用者に「あなたが壊した！」と疑われかねません。たとえ誤解されても、あわてずに状況を具体的に説明します。冷蔵庫ならば、「扉を開けても電気がつかない」「食品が冷えていない」「冷凍食品が溶けている」など、壊れていると判断した状況を伝え、利用者と確認するとよいでしょう。

また、冷蔵庫が壊れたときは、介護職員は冷蔵庫の中に入っているものには触らず、中の状態の確認もしません。利用者に報告して、修理に出すか新しいものを買うなど対処してもらいます。この場合は、冷蔵庫の中のものを使った調理支援はできません。食材を買いに行ったり、乾物など冷蔵庫に入っていないもので食事をつくります。

独居で家族が近くにおらず判断が困難な利用者の場合は、ケアマネジャーに連絡します。

調理支援でお肉を使ってほしいと言われましたが傷んでいました。使ってもよいでしょうか？

答　え

NG　利用者が体調を崩す恐れがありますので、使ってはいけません。

理　由

調理支援の際に、消費期限が切れていたり、色が変わっている、異臭がする、カビがはえているというような傷んでいる食材は、決して使ってはいけません。

利用者の強い希望だからといって傷んだ食材を使って調理支援を行った結果、利用者が体調を崩すようなことになった場合、介護職員の責任が問われることになります。

利用者の安全を守ることも介護職の大切な役

割です。

対応の仕方

利用者に、「この食材は悪くなっているので、使えません」と理由を告げて断りましょう。「これくらいなら大丈夫」などと利用者から言われても、応じてはいけません。

しかし、消費期限が切れた食べ物や傷んだ食べ物であっても介護職員が勝手に捨ててはいけません。悪くなっているという事実を伝えるだけで、どうするのかは利用者の判断に委ねます。

訪問したら、利用者の機嫌が悪く、「帰れ!」と怒鳴られてしまいました。帰ってしまってよいでしょうか?

答　え

NG　利用者に言葉かけもできそうになければ、事業所およびサービス提供責任者に連絡します。

理　由

その利用者のところに初めて訪問する場合は仕方ありませんが、もう何度も訪問している場合は何かしら怒鳴る理由があるはずです。利用者に理由をたずねて、できることは改善しましょう。

また、利用者の意思を無視して介護サービスを行ってはいけません。無理やりしようとせず、相手を尊重する気持ちが大切です。

対応の仕方

利用者に話しかけたけれど取り付く島もないときは、無理に介護サービスを行いません。「何かお困りのことはありませんか？」「今日は○○さんの居室の掃除と洗濯をする予定でした」「また後で来ます」などのように声かけをしてその場はいったん引き、事務所に連絡して状況を報告し、指示を仰ぎましょう。また、いつもと違い今日に限って怒鳴る場合は、理由を知るために「何かありましたか？」「何かご事情がありますか？」と問いかけましょう。

入浴介助中に利用者がお尻や胸を触り困っています。やめてもらうように言ってよいでしょうか？

答　え

OK

セクハラの事実は上司や事業所に報告し、本人にはっきり「嫌だ」と伝えましょう。度を超えたセクハラには事業所に対処してもらいます。

理　由

はっきりと意思表示をしないと「いいんだ」と誤解を招き、セクハラが続いてしまいます。

対応の仕方

胸やお尻を触られたら、冷静に利用者の手を払いのけ、はっきりやめてほしいと伝えます。

このようなトラブルを未然に防ぐには、ふだんから利用者に対して毅然とした態度で接する必要があります。淡々と丁寧な言葉で「○○さん、×××なさいますか？」「今日はこれでお仕舞いです。次回の担当は私ではありません。それでは失礼します」などのように、隙を与えないことが重要です。

セクハラがあったという事実は必ず事業所に報告します。セクハラが続く場合は、上司や事業所に担当者を男性やベテランの介護職員に変更するなどの対応をしてもらいます。

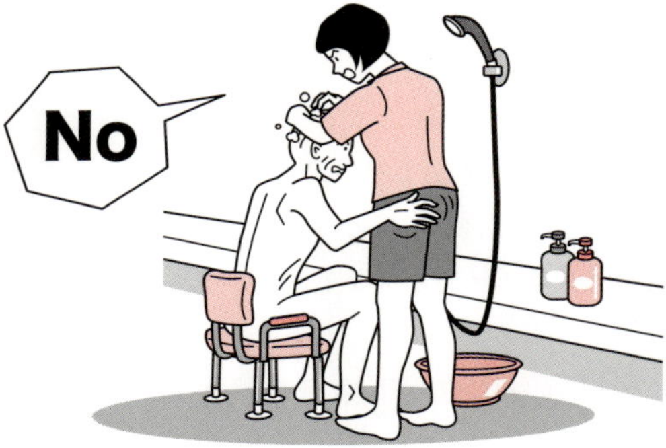

訪問時に、「孫の誕生日なのでケーキを買ってきて」と言われました。買ってきてよいでしょうか?

答　え

OK NG

ケアプランに買い物支援が含まれるかどうかで異なります。

理　由

訪問介護では支援内容に対して時間が決められているため、ケアプランに買い物支援が含まれなければ買い物には行けません。含まれている場合でも、本人が使わないものなどは、原則として買いに行くことはできません。ただし、利用者も一緒に食べる場合は、買いに行くこともできます。

利用者もいっしょに買い物をしている場合は、何を買っても自由です。

自立支援

生活支援ということで、足が不自由な利用者に買い物に行ってほしいと頼まれることもあります。しかし、それは昨今の介護方針にそぐわない介護のあり方です。「自立支援」が基本となる今の介護では、足が不自由な利用者でも車いすに乗るなどして、一緒に買い物に行くことが望ましいとされています。

施設で利用者の湯のみを壊してしまいました。壊した介護職員が弁償するのでしょうか？

答　え

NG　施設で弁償します。

理　由

介護施設でのサービス中のトラブルや事故は、基本的に施設の責任になります。しかし、介護職員の過失で利用者にケガや障害を負わせた場合などは、その介護職員の責任にもなります。湯のみを壊したこのケースでは、施設が責任をとって弁償することになります。

対応の仕方

物を壊したとき、介護職員の扱いが原因の場合もありますが、古くて触ったら壊れてしまったというように仕方ない場合もあります。

利用者に謝罪して納得してもらえれば、同じものを買って弁償することもあります。しかし、それが利用者にとって思い入れのあるものでは、どうにもできません。湯のみといっても、例えば大切な思い出の品だったりすると、弁償して解決というわけにはいきません。その場合は不運としか言えませんが、謝ることしかできません。

このようなトラブルや事故をすべて防ぐことはできませんが、減らすことはできるはずです。利用者の私物を扱うときは、「人様の持ち物はどう扱ったらよいか」と考え、行動にうつすように心がけましょう。

入れ歯を壊したら

利用者の入れ歯を壊したら、大変なことになります。

入れ歯は総入れ歯でも保険適用で数万円程度なので、金額面だけみれば弁償することは可能です。しかし、その人に合った噛み合わせに調整する必要があり、これがなかなかに大変です。

「噛み合わせが良くない」と意思表示ができる利用者ならよいですが、重度の認知症や脳血管障害による失語症、寝たきりの利用者など、自分が思っていることを伝えられない人も多く、壊したら取り返しがつきません。入れ歯を取り扱う際には、絶対に壊さないよう細心の注意を払う必要があります。

例えば入れ歯のケアをするときは、下にタオルや水を張った洗面器を置くようにします。それでも入れ歯を壊してしまったら、すぐに歯科医院に持っていきます。修理で大丈夫なものは修理をしてもらい、つくり直す必要のあるものは入れ歯の製作を依頼します。どちらの場合でも調整が必要になります。

入れ歯がなくて困るのが食事です。介護職員ではなく家族が食事をつくっている場合は、すぐに報告して、柔らかい食事をつくるなど対応してもらうようにします。

認知症の利用者が違う部屋に入ろうとしています。止めるために、後ろから大声で制止してもよいでしょうか？

答　え

NG

利用者が振り向きざまに転倒する恐れがあります。近づき静かに声をかけ、部屋を出るように促します。部屋を間違えたことを責めたりしてはいけません。

理　由

後ろから大声で声をかけると、利用者が驚き振り向こうとしてバランスを崩し、転倒する危険性があります。転倒を避けるためにも、静かに近づいて普通の声で呼びかけます。

また、利用者が違う部屋に入ったとしても慌てずに、その部屋の利用者に間違ったことを謝って静かに出るようにします。利用者のプライドを傷つけないために、間違えて別の部屋に入ったことを責めないようにしましょう。

対応の仕方

けっして大声は出さずに、静かに近づいて「あら○○さん、似たようなお部屋ですものね」と普通の声で呼びかけましょう。「○○さん違うわよ！」などと言わないようにします。

その部屋の利用者がいたときは、「□□さん、ごめんなさい。勘違いしました」と言って静かに出ます。そのときも、利用者には「（部屋が似ていますから）私でも間違えてしまいます」のように言って、けっして責めないようにします。

利用者が周りの人になじまず、食堂で食事をしたくないと言います。1人で食事をしてもらってよいでしょうか?

答　え

OK

利用者の希望通りにします。食事介助が必要だったり、1人にしておけない利用者の場合は介護職員が付き添います。

理　由

どこで食事をするのかは、利用者の自由であり、無理強いする必要はありません。利用者の希望を優先するようにします。ただし、食堂で食べるのがどうして嫌なのか、その理由を聞くようにしましょう。例えば、隣の人がいつも声をかけてきてわずらわしいなど、改善できる理由の場合は、対応するようにしましょう。

対応の仕方

どうして食堂で食事をするのが嫌なのかを聞きます。例えば、「あんなうるさいところで一緒に食べるのは嫌だ」「身体介護を必要とする人の食べ方が汚い」などと言われた場合は、「食堂でみんな一緒に食べないとだめですよ」など責めるようなことは言わず、利用者の希望通りにします。

人の輪に入れないでいる利用者には、「○○さん、こちらにいらっしゃいませんか？」とさりげなく声をかけるのもよいでしょう。

面会にいらした家族がせきをしています。利用者は楽しみにしていますが、帰っていただくべきでしょうか？

答　え

ＯＫ　基本的には帰っていただきますが、その時の対応法は、それぞれの施設のルールに従います。

理　由

せきや鼻水が出ているときは、風邪やインフルエンザなどの病原菌（病気の原因となる細菌）を体内にもっている可能性があります。それらがひとたび施設内で蔓延すると、集団感染の恐れがあり危険です。施設によっては利用者の家族が施設内に入る際に、うがいと手洗い、そして熱や体調の記入を必要とするところもあります。施設に病原菌を持ち込ませないようにして、感染症の予防につなげます。

対応の仕方

介護職は自己判断せず、施設のルールに従います。しかし、それでは対処できない場合は上司や施設の責任者に報告します。例えば、かぜをひいている利用者の家族が「ほんの少し様子を見るだけだから」と言って入ってきたら、上司や責任者に「(利用者の)○○さんのところに来ている娘さんがかなりひどいせきをしているんです」と責任者に報告し対応してもらいます。

施　設

デイサービスのお迎えに伺うと、利用者から今日は行きたくないと言われました。お連れすべきでしょうか?

答　え

NG

無理にデイサービスに連れて行く必要はありません。利用者の様子を確認し、具合が悪いなら事業所に連絡します。

※デイサービスは居宅サービスの一つですが、施設が行うサービスとして分類しました。

理　由

体調不良だったり、デイサービスに嫌な人がいたり、家をあけると物がなくなるなど、利用者がデイサービスに行きたくない理由をさぐります。

また介護職は、そのときに利用者の全身状態を観察します。

対応の仕方

介護職が「〇〇さん、あと5分で出るから早く支度してください」などのように利用者をあせらせてしまうと、それだけで利用者は行く気をなくします。あせらせたり、無理に連れて行こうとしないようにしましょう。

また、あらかじめ電話で「今日は来ないでいいから」と断わられても、場合によっては利用者のお宅を訪問します。「お加減いかがですか？」などのように声をかけ、利用者の様子を見ます。利用者の具合が悪そうなときは、家族と同居している場合は家族に、独居の場合は事業所またはケアマネジャーから家族に連絡するようにします。

認知症の利用者が、同室の人を殴ろうとしています。間に割って入ってよいでしょうか？

答　え

ＯＫ

言葉でとめようとしても耳に入らないときは、2人の間に入って、認知症の利用者のお話をうかがいつつ、静かに外に連れて行きます。

理　由

利用者に他の人を殴らせるわけにはいきません。とにかく2人の間に割って入り、その場をおさめる必要があります。さらにどうして殴ろうとするのか、利用者なりの理由を聞きます。

対応の仕方

間に割って入り、認知症の利用者に「どうしたんですか？　お話を聞かせてください。どこか静かな所に行きましょう」と声をかけ、ゆっくりと外に連れて行きます。

介護職員は大声で対応してはいけません。かえって認知症の利用者のこころを混乱させます。おだやかに対応しながら、しっかり利用者の話を聞きます。

暴力をふるおうとするのには何かしらの理由はあるはずです。同室の利用者にプライドを傷つけられたのかもしれません。認知症だからと先入観をもたずに、利用者の話に耳を傾けなければなりません。

人間関係において時にはどうしても馬があわないこともあります。そのようなときには、部屋を替えるなど、施設での対応が必要です。

第2章

医療的ケア
OKとNG

介護職には原則NGの医療行為

医療行為と医療行為ではない行為を区別して覚えておきましょう。

利用者の多くは医療的ケア(医師の指導の下、家族等が日常的、応急的に行っている医療的介助行為)を必要としています。医療的ケアのなかには、医療職しか行うことができない医療行為に該当する行為もあります。

医療行為

医師の医学的判断及び技術をもってするのでなければ、人体に危害を及ぼし、又は及ぼすおそれのある行為

介護職員が医療行為を行うことは、原則としてNGです。

医療行為ではない行為

介護の現場で、医療行為か判断に迷うことがありますが、原則として介護職員が行うことのできる医療行為ではない行為について、厚生労働省医政局長の通知で次のように示されています。

- 体温測定
- 自動血圧測定器による血圧測定
- パルスオキシメーターの装着
- 爪切り
- 耳垢の除去
- 口腔ケア
- 軽微な切り傷・すり傷、やけどなどへの応急対応
- 市販の浣腸器を用いた浣腸
- 自己導尿のためのカテーテルの準備と体位保持
- ストーマパウチに溜まった排泄物の除去

また、下記の条件を満たす場合、介護職員は医薬品の使用の介助を行うことができます。

これらも医療行為ではありません。

①医薬品の使用について医療職の許可があること

②医師から処方された医薬品であること

- 軟膏の塗布（褥瘡の処置を除く）
- 湿布の貼り付け
- 点眼
- 一包化された内用薬の内服
- 坐薬の挿入
- 鼻腔粘膜への薬剤噴霧

以上の行為については、利用者の病状が不安定で専門的な管理が必要な場合は、医療行為とされる場合もあります。

介護職員が行える医療行為

医療行為であっても、特例的に一定の条件の下で介護職員が実施することが認められている行為があります。

- 口腔内の喀痰吸引
- 鼻腔内の喀痰吸引
- 気管カニューレ内部の喀痰吸引
- 胃ろうまたは腸ろうによる経管栄養
- 経鼻経管栄養

以上の行為が認められるのは次の人だけです。

①介護福祉士

②一定の研修を修了した者で都道府県知事が認定した介護職員

たんの吸引などを行う場合は、施設や事業所も基準を満たし、都道府県知事の登録を受けることが必要です。

体温測定

平熱を把握することがポイント

利用者のからだの異常や発熱による脱水などを早期に発見しましょう。

高齢者の平熱は36.5～37.0℃といわれていますが、個人差があります。利用者の平熱を把握することにより、異常を発見できます。

気をつけること

- 毎日同じ時間に、同じ側で測定する
- 測定する前は静かに動かずにいてもらう
- 脇《わき》の下で計測する場合、脇の下が汗で濡れていたら乾いたタオルでよく拭く

手　順

●脇の下

必要なもの：電子体温計／水銀体温計

①スイッチを入れる。

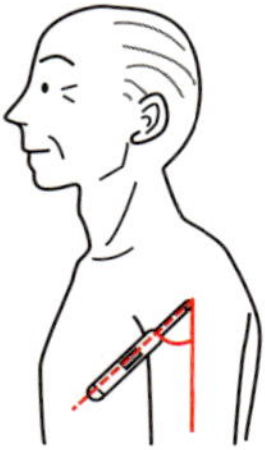

②体温計の先端を脇の下のくぼみに当て、上半身との角度が30～45度になるようにする。

③腕を脇腹につけて肘を軽く押さえる。

④測定が終了したら、体温計をはずして記録する。測温部は可能ならアルコールなどで消毒する。

●耳

必要なもの：耳式体温計

①スイッチを押し、プローブを耳の穴に入れる。軽く耳を横に引くと入れやすい。

②「脇の下」の④と同じ。

こんなときは事業所や医療職に連絡!

熱が高い場合は、その他の状態（顔色、排尿の状態〔量や色〕、全身状態、口の中などのかわき具合、飲水量などの情報）も連絡します。

基準値を把握することがポイント

ふだんから血圧を測定して、病気の発見に努めましょう。

血圧測定は、血圧が健康な状態にあるかを確認し、高血圧症によって引き起こされる脳卒中や心筋梗塞を防ぐために行います。

気をつけること

- 食事や運動、入浴後などの測定はさける
- 毎日同じ時間に測定する
- あらかじめ排尿・排便をすませ、測定前は深呼吸をしてリラックスしてもらう

手　順

●上腕

必要なもの：上腕式血圧計（腕帯巻きつけ式）

①本体に腕帯のプラグをしっかり差し込む。

②手のひらを上にして腕帯に通し、腕帯の下端を肘の内側の1～2cm上の位置に巻く。
③腕帯の中心と心臓の高さが同じになるように腕の位置を調整する。
④測定スイッチを押す。測定中は正しい姿勢を保ち、からだを動かさないようにする。
⑤測定結果を確認し、腕帯をはずす。

※手動（水銀血圧計）による測定は介護職には認められていません。

こんなときは事業所や医療職に連絡!

測定値がふだんの血圧からはずれている、顔色が悪いなどの症状のあるときは、意識状態やその他の状態も観察して事業所に報告します。

パルスオキシメーターの装着

基準値を把握することがポイント

利用者の呼吸の状態の悪化に気をつけましょう。

パルスオキシメーターは、血液中の酸素の濃度を簡単に測定する機器です。呼吸管理が必要な利用者の呼吸の状態を知る目安になります。

気をつけること

- 毎回同じ条件で測定する
- 太陽光など強い光を避けて測定する
- 測定中は、手やからだを動かさずに安静にしてもらう
- 指先が冷えているときは、温めて血行をよくしてから測定する

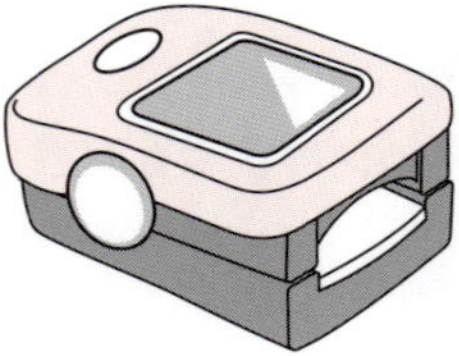

- マニキュアをしている場合は、落としてもらう

手　順

①パルスオキシメーターを利用者の指に装着する。その際に、指を奥までしっかり差し込む。

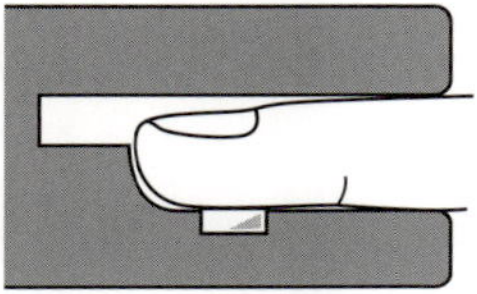

②表示部の数値が落ち着いたら指からパルスオキシメーターをはずし、数値を記録する。

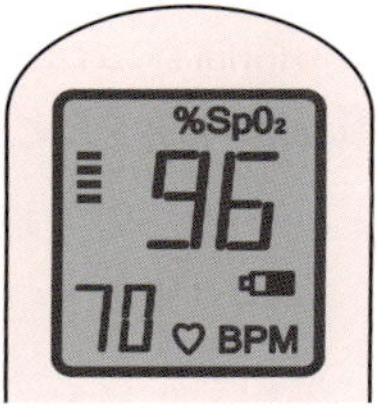

こんなときは事業所や医療職に連絡！

測定値が適切な数値から外れてたり、顔色が悪い、息が苦しいなどの症状のあるとき。

爪の異常を見逃さないことがポイント

巻き爪や爪白癬《はくせん》（爪の水虫）などの場合は、事業所や医療職に連絡する。

爪切りは、のびすぎた爪が皮膚を傷つけたり、爪が割れるのを防ぐために行います。爪を切るときは、皮膚を傷つけたり深く切りすぎないように、細心の注意を払いましょう。深爪は巻き爪や感染症の原因になります。

気をつけること

- 爪やその周囲に異常がない場合に爪切りを行う。異常がある場合は医療職に連絡し、爪切りは行わない
- 糖尿病などの疾患で専門的な管理が必要な場合は行わない
- 手浴・足浴などを行い、爪を軟らかくしてから行う

手　順

必要なもの：爪切り、ニッパー、ヤスリなど

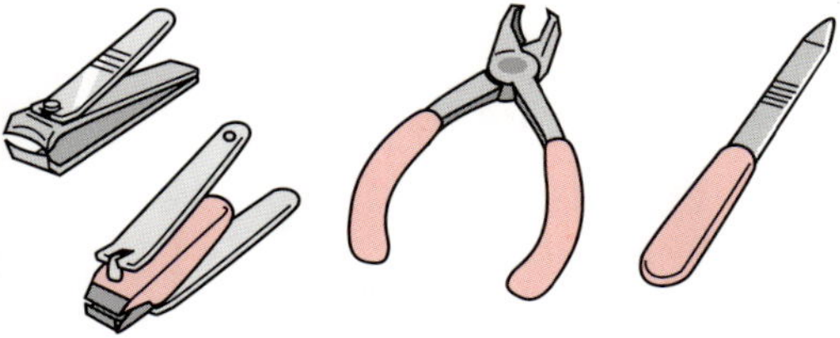

①爪を数回に分けて、まっすぐ四角に切る。爪を切るときは、爪と指の皮膚の接合部から1～2mmのところまで切る。爪が肥厚している場合は、ニッパーを使用する。

②ヤスリをかけて、角を丸くする。

※足の爪は四角くする。

耳垢の除去

耳そうじをしすぎないことがポイント

耳そうじのやりすぎは、耳の状態をかえって悪くします。

耳垢は自然に排出されるため、通常は除去しなくても問題ありません。耳垢がたまり音が聞き取りにくくなるときはやさしく取りましょう。

気をつけること

- 耳垢には細菌や虫が耳に入るのを防ぐ役割もあるので、取りすぎない、しすぎない
- 利用者の耳を傷つけないように行う
- 利用者がいやがる場合は無理に行わない
- 入浴後、耳垢が湿って柔らかくなっているときに行うと除去しやすい
- 耳垢塞栓（耳垢がたまって外耳道がふさがっている状態）の場合は、そのままにして専門医に連絡する

手　順

必要なもの：耳かき、綿棒

①いすに座る、ベッド上で上体を起こしてもらうなどして、からだを安定させる。

②耳かきや綿棒で耳垢を除去する。耳かきなどを入れるのは、耳の入り口から約1cmまでとする。入れすぎて、傷つけたり、綿棒で耳垢を奥のほうまでおし込まないようにする。

※耳垢の除去では、利用者は介護職員が行っている様子を見ることができないため、不安にならないように声かけを行う。

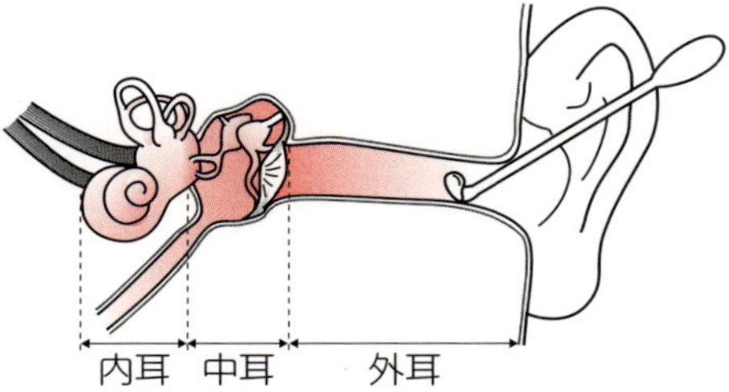

利用者にあったケアがポイント

利用者の口腔の状態にあわせて、適切なケアをします。

歯みがき（ブラッシング）やうがい、入れ歯のケアをすることで、虫歯や歯周病だけでなく、誤嚥性肺炎などの疾患の予防にもつながります。

気をつけること

- 嫌がるときは無理に行わない
- リハビリにつながるため、利用者ができることはなるべく本人にしてもらう
- 口内が出血しやすい利用者では、感染予防のために、使い捨て手袋を装着する
- それぞれの利用者にあった方法で行う
- 粘膜・舌の清掃は、1日1回程度にする

手　順

●ブラッシング

必要なもの：歯ブラシ／歯間ブラシ／歯みがき剤／コップ／ガーグルベースン／（うがい受け）／吸い飲みなど

①いすに座ってもらう、ベッド上で上体を起こしてもらうなど、からだを安定させる。

②歯ブラシを鉛筆のように持つ。

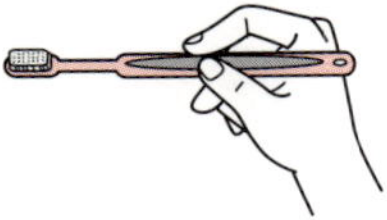

③好みで少量の歯みがき剤をつけ、歯をみがく。1歯ずつ軽く当て、やさしく小刻みに動かす。

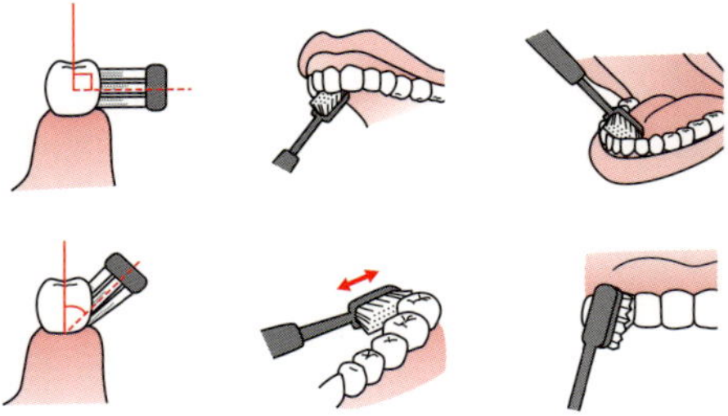

●ブクブクうがい

必要なもの：ぬるま湯／ガーグルベースン

①姿勢を整える。いすに座り行う場合はやや前傾に、ベッド上で行う場合は90°くらいにギャッチアップする。

②口に水を含ませ、3～4回ブクブクと動かし、ガーグルベースンに水を出してもらう。

③②を3回ほどくり返す。

●粘膜の清掃

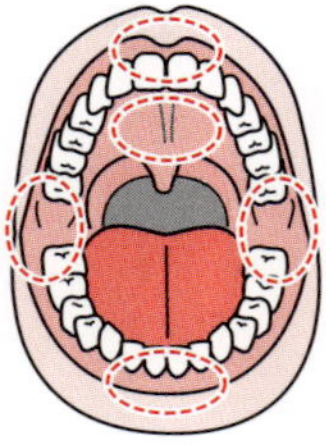

必要なもの：粘膜ブラシ／スポンジブラシ

①ブラシを水でぬらし、指で軽くしぼる。

②粘膜にブラシを当

て、汚れを拭き取る。ブラシは汚れたらそのつど洗う。

●舌の清掃

必要なもの：舌ブラシ／柔らかい歯ブラシ

①舌を前に出してもらう。

②ブラシで奥から手前にやさしく引くように清掃する。

●入れ歯の清掃

必要なもの：歯ブラシ／義歯専用歯ブラシ

①入れ歯をはずす。

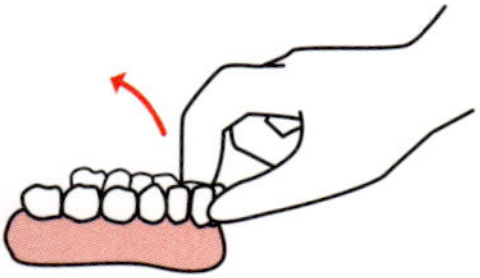

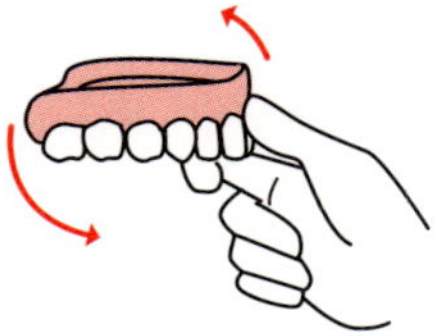

②水道の水を流しながら、ブラシで1本ずつ入れ歯を清掃する。入れ歯を傷つけるため、歯みがき剤と熱湯は使ってはいけない。

④総入れ歯は入れ歯の裏側（歯肉と接すると

ころ)、部分入れ歯はクラスプやバネなどの金属部分の清掃をする。

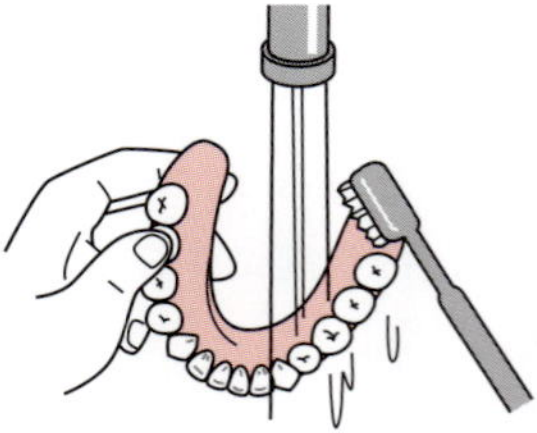

⑤入れ歯を入れる。

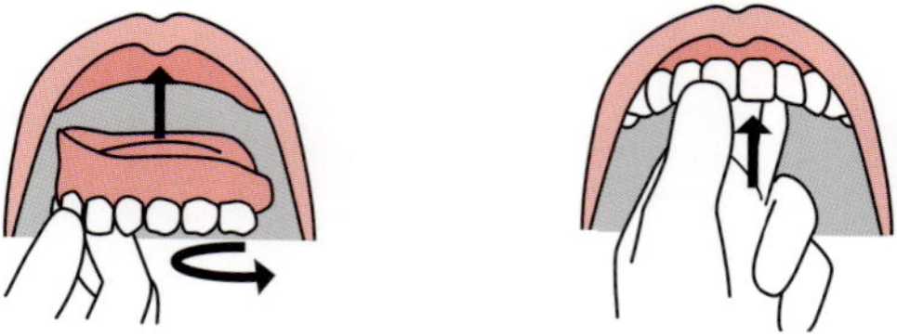

こんなときは事業所や医療職に連絡!

表情や様子がいつもと違う、顔色がよくない、いつもより口を開けない、急に食事を食べなくなったなど。

唾《だ》液腺マッサージ

加齢とともに、唾液は出にくくなります。唾液には、口の乾燥を防ぎ、歯についた汚れや細菌を洗い流す働きがあるため、利用者に唾液腺マッサージを行ってもらいましょう。

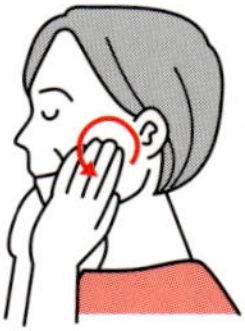

（a）耳下腺へのマッサージ
親指以外の４本の指をそろえて頬に当て、上の奥歯のあたりを後ろから前に向かって回す。

（b）顎下腺へのマッサージ
親指をあごの骨の内側の柔らかい部分当て、耳の下からあごの下にかけて、５か所ほど押す。

（c）舌下腺へのマッサージ
両手の親指をそろえてあごの下に置き、舌をゆっくり押し上げるように押す。

傷口を流水で洗うことがポイント

素早く対応して、傷が悪化しないように努めましょう。

軽い切り傷やすり傷、やけどであれば介護職員が処置ができます。細菌などに感染して化膿することもあるため、適切な処置をしましょう。

気をつけること

●切り傷・すり傷

- 傷口に直接触れないようにする
- 出血しているときは、清潔なハンカチ、タオルなどを傷口にあて、手で圧迫して止血する
- 出血が多いときは、傷口を心臓より高い位置に上げる

手　順

必要なもの：清潔な水／絆創膏またはラップ

①介護職員は、しっかり手を洗う。

②傷口を水でよく洗う。水道水でかまわないので傷口についた異物を洗い流す。

③傷口を乾燥させないために、傷口の面積よりも大きな絆創膏やラップでおおう。

※以前は傷口を乾燥させたが、滲出《しんしゅつ》液（傷の部分にしみ出てくる体液）には傷を治す成分が含まれているため、湿潤（うるおい）を保つことで傷の治りが早くなる。

こんなときは事業所や医療職に連絡!

傷が大きい・深い、出血が止まらない。傷のところに異物が残っている。

気をつけること

●やけど

- 年をとると温度に対する感覚が鈍くなるので、湯たんぽや使い捨てカイロ、こたつなどによる低温やけどに気をつける
- 水道水など清潔な流水を使用する。けっして氷や保冷剤は使わない
- 皮膚が破れるようなときは、感染する危険性が高い
- 苦しんでいたり、耐えられないほどの痛みを訴える場合は、急ぎ救急車を呼ぶ！

手　順

必要なもの：清潔な水

①やけどをしたら、すばやく出しっぱなしの水道水など、清潔な流水で患部を冷やす。冷やす時間は10分を目安とする。

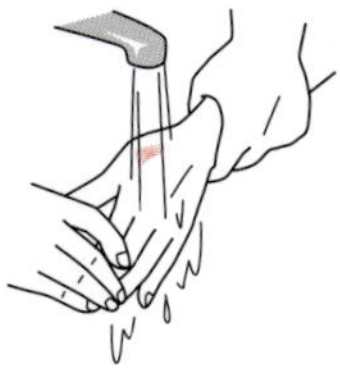

- 水をかけ続けると体温が下がるため、患部以外はタオルなどをかけて保温する。
- 衣服の上からやけどを負った場合、衣服を無理に脱がせると皮膚ごとはがれることがあるため、衣服の上から冷やす。
- 水疱は傷を保護する役目があり、破れると感染しやすくなる。水疱がやぶれないようにする。

②事業所や医療職に今後の対応を聞く。

勝手に薬を塗ったりしない。必ず事業所や医療職の指示を受けること。

低温やけど

湯たんぽなどに長時間接触することで、熱さを感じないまますするやけどです。44℃で6～10時間、50℃で3分程度でやけどをするといわれています。

市販の浣腸器を用いた浣腸

利用者の羞恥心への配慮がポイント

浣腸をするときは、タオルなどをかけて、不必要な露出を避けるようにしましょう。

介護職は、市販のディスポーザブルグリセリン浣腸器（使い捨て浣腸器）を使った浣腸が行えます。排便の促進・除去のために行います。

気をつけること

- 心疾患や大腸の異常・疾患、重篤な高血圧や血圧変動などがある場合は、医療職に浣腸を行ってよいか確認しておく
- 利用者には排尿を済ませてもらう

手　順

必要なもの：使い捨て浣腸器／温度計／洗面器／潤滑油／使い捨て手袋／ガーゼかトイレットペーパー／タオル／便器かおむつ

①介護職は、手を洗い、使い捨て手袋を装着する。

②浣腸を温湯で人肌程度（41～42℃）に温める。

③利用者を左側を下にした側臥位にし、下着を下ろし、タオルなどをかける。

④浣腸器のキャップをはずし、潤滑油を塗る。

⑤利用者に口で呼吸してもらいながら浣腸器の先端を肛門に５～6cm挿入し、浣腸液をゆっくり注入する。

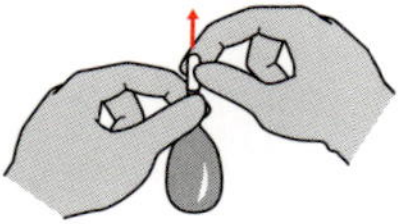

⑥浣腸器を抜去し、ガーゼやトイレットペーパーで肛門を１～２分間押さえる。

⑦排泄の介助をする。

こんなときは事業所や医療職に連絡!

たちくらみ、腹痛、急激な血圧低下など。

自己導尿のためのカテーテルの準備と体位保持

利用者の羞恥心への配慮がポイント

自己導尿中はほかから見えないように、ベッド上ならカーテンを引いたり、トイレで行うようにしましょう。

導尿とは、尿を自然に排泄できない場合に、カテーテルを尿道口から膀胱に挿入して人為的に排尿することをいいます。介護職は、カテーテルの準備や体位の保持を介助します。

気をつけること

- 介護職の支援は、物品の準備と体位の保持介助
- 失禁や感染症を予防するため、指示された時間に実施できるよう準備
- 導尿は細菌が体内に入る可能性のある行為のため、使用物品の取り扱いには細心の注意が必要。触ってもよい部分と、絶対に触ってはいけない部分を明確に記憶しておく

- 利用者の体位保持に際しては、プライバシーを守るためのこころづかいが必要。可能ならトイレで、無理な場合はカーテンなどを利用して、プライバシーの保護に努める
- 事前に、利用者がどのような体位で自己導尿しているかを確認する

男性の場合：洋式便器やいすに座り、両足を開く体位、またはベッド上で両足を開いた座位

女性の場合：ベッド上で下肢を開いた体位や、いすや洋式トイレに片足を上げた体位または立位

手　順

必要なもの：カテーテル／消毒液入りケース／消毒綿／尿器またはキッチンバッグ／鏡

①介護職は手洗いをし、導尿に必要な物品を準備する。

②利用者の手洗いを介助する。

③利用者のプライバシーを守る準備をする。

④利用者が自己導尿を行う際にとる体位とし、利用者の体位が安定するよう、体位の保持を行う。

⑤導尿が終了したら利用者の体位をもどし、手洗いを介助する。

⑥カテーテルを洗浄し、消毒液入りケースにもどす。介護職員も手を洗う。

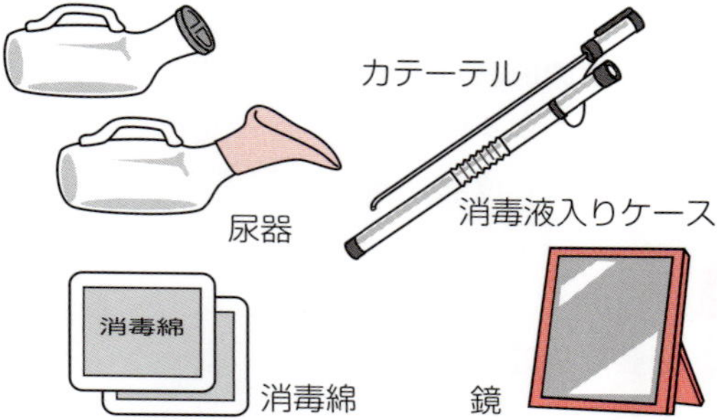

こんなときは事業所や医療職に連絡!

尿の色・臭い・量がいつもと違うとき。

自己導尿の実際

自己導尿は利用者本人または家族が行わなければなりません。介護職が行うことは認められていません。

- 男性の場合

男性は、利き手の反対の手で亀頭をもち、利き手にカテーテルをもって挿入します。

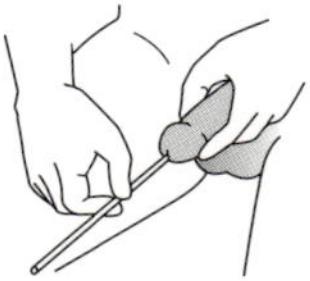

- 女性の場合

女性は、尿道口を確認することが難しいため、鏡などを使用して、実施します。利き手の反対の手で陰唇を開き、利き手にカテーテルをもって挿入します。

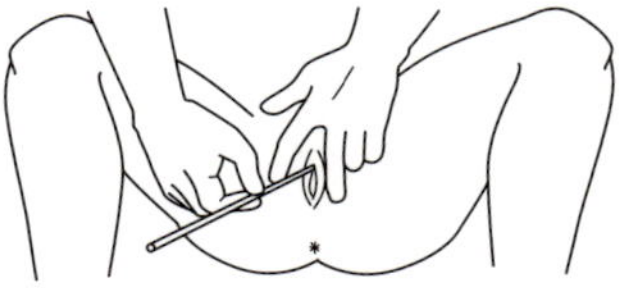

ストーマパウチに溜まった排泄物の除去

排泄口をしっかり拭くことがポイント

排泄口に便が残っていると、臭いの原因になります。しっかり拭き取って利用者の不安を取り除きましょう。

手術で腸を切り取ると、おなかに排泄物の出口であるストーマがつくられ、そこに便や尿をためるパウチという袋を装着します。

気をつけること

- 介護職は、接着面に皮膚保護剤があるストーマの装具については、医療職との連絡を前提として、交換が可能になりました。

手　順

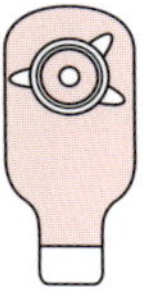

必要なもの：使い捨て手袋／ビニール袋や便器など／トイレットペーパー

①利用者にいすかトイレに座っ

てもらう。

②使い捨て手袋を装着する。

③ストーマの排泄口の下にビニール袋など排泄物を受けるものを置く。そのときに、パウチの下部が数cmほどビニール袋などに入るようにする。

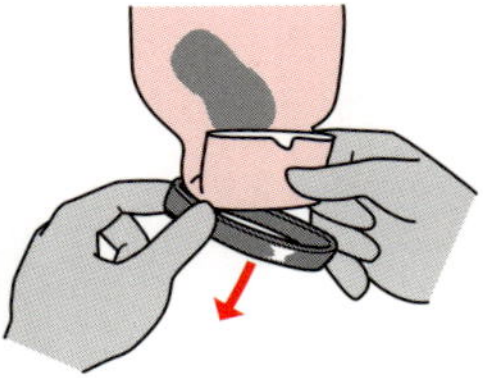

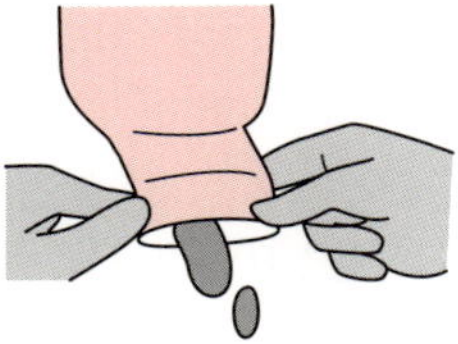

④排泄口を開けて、排泄物を取り出す。

⑤排泄口に付着した便をトイレットペーパーなどで拭き取り、排泄口を閉じる。

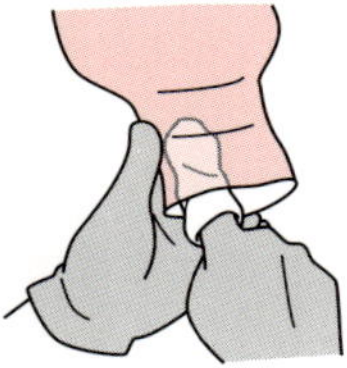

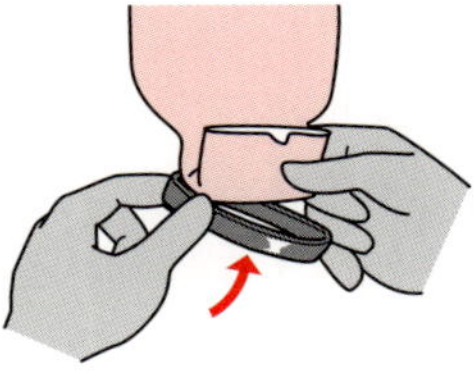

塗り方や量の確認がポイント

薬の種類によって塗り方や塗る量は違うため、事業所や医療職に確認してから行いましょう。

介護職は、医師、看護師の判断により状態が安定している利用者に対して、処方された軟膏であれば、塗ることができます。副作用が出ることもあるため、方法や量を、薬を塗る前にしっかり確認しましょう。

気をつけること

- 事業所や医療職に薬の種類、使用量、塗布範囲、塗布回数、使用期限、軟膏の塗り方・塗る量を確認する
- 皮膚にいつもと違う症状のあるときは、軟膏の塗布を行わない
- 使用する軟膏が医師から処方されたものであることを確認する

手　順

①軟膏を塗る部分の皮膚を指定の方法で清潔にする。

②薬の種類や使用量、塗布範囲を確認する。

③介護職員は、手を洗い必要量を手にとる。

④軟膏をうすくのばす（単純塗布法）。塗布範囲が広い場合は手のひらで、狭い場合は指の腹に軟膏をとる。

⑤介護職員は、軟膏を塗り終えたらしっかり手を洗う。

※2種類の軟膏を重ねて塗る場合や、軟膏を塗ったところをフィルムでおおうように指示が出ている場合は、医療職との連携の下で行う。

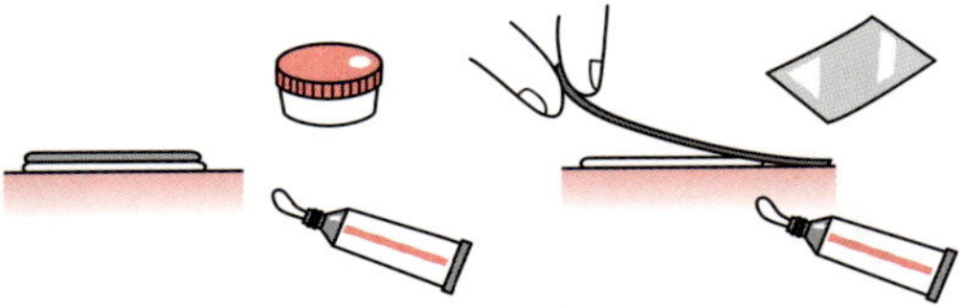

湿布の貼り付け

症状にあった湿布選びがポイント

貼る部位によって湿布に切り込みを入れ、はがれにくい工夫をしましょう。

湿布は、腰や膝などの関節痛やねんざなどを訴える利用者に使用します。医師から湿布薬を処方されているときは、手順にしたがって実施します。

気をつけること

- 痛みの種類により、冷湿布・温湿布、経皮吸収型鎮痛消炎薬などが処方される

  冷湿布：ねんざなどで腫《は》れたり熱がある急性期の場合に、炎症を鎮め痛みを抑える働きをする

  温湿布：関節痛などで筋肉がこわばり動かすと痛みがある慢性的な症状の場合に、炎症や疼痛を抑える働きをする

- 傷や湿疹などがある場合は湿布を貼らない
- 湿布は同じところに長時間貼らない。貼る場所をずらすなどして、皮膚を休ませる時間をつくる

手　順

①介護職員は、しっかり手を洗う。
②湿布を貼る部分の皮膚を清潔にする。
③貼る部位によっては湿布に切り込みを入れる。フィルムをはがし、湿布を貼る。

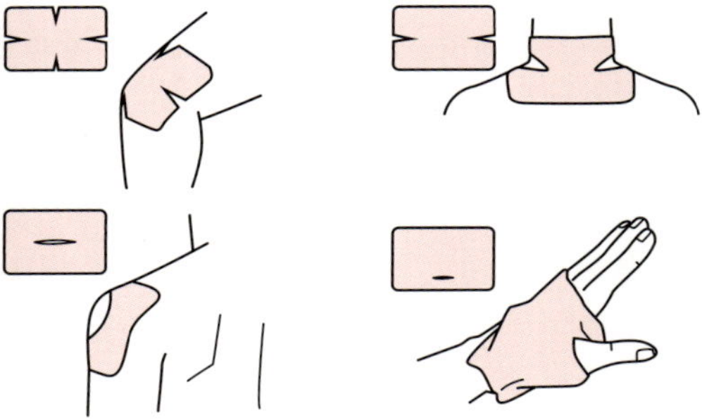

点眼液の容器の扱い方がポイント

容器の先がまぶたなどにつくと、点眼液が汚染され、感染を引き起こすため、扱いに気をつけましょう。

点眼は、眼のかゆみや乾燥、炎症などの症状を和らげるために行います。医師から処方された点眼薬であることを確認し、正しい方法で点眼しましょう。

気をつけること

- 点眼薬の種類、使用期限、利用者の名前などを確認する。
- 使用時の注意点がある場合もあるため、医師の指示書を確認する
- 点眼の際には、容器の先がまぶたやまつげにつかないようにする
- 目薬をさした後は、眼をパチパチせず、閉じておく

手　順

①介護職員は、手を洗う。

②利用者に仰向け、またはいすに座ってもらう。いすに座って行う場合は、頭を後ろに傾けてもらう。

③介護職員は利き手と反対の手で下まぶたを引く。

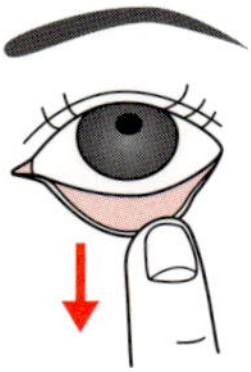

④利用者は上を向く。

⑤薬液を下まぶたの裏に1滴落とす。薬液が流れ出た場合はガーゼやティッシュなどで軽く拭く。

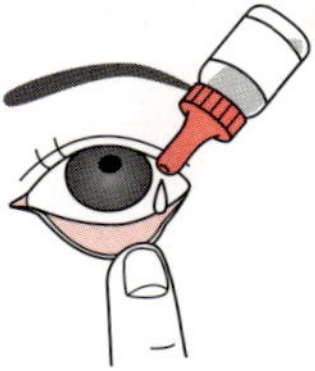

⑥点眼後1〜2分、まぶたを閉じ目頭を押さえる。

⑦介護職員は、手を洗う。

こんなときは事業所や医療職に連絡!

点眼後、アレルギー反応や炎症、痛み、充血などの副作用が出たとき。

一包化された内服薬の内服

薬にあった飲み方がポイント

内服薬を包むときは、オブラートや内服用ゼリーなど、利用者が飲みやすいものを選びましょう。

高齢者はいくつかの疾患をかかえ、複数の薬を処方されている方も少なくありません。介護職は、内服薬が一包化されている場合のみ介助することができます。介助には、舌下錠の使用も含まれています。

気をつけること

- 薬剤師（調剤薬局）に一包化調剤をしてもらう
- 利用者によってはそのまま飲もうとする可能性もあるため、薬は包装シートからはずし、内服の準備をする
- 正しい薬剤であること、投与日時や使用期限があっていることを確認する

- 舌下錠はかみ砕かず、飲み込まないように利用者に伝える
- 舌下錠の保管場所を確認しておく

手　順

●一包化された内服薬

必要なもの： 薬剤／水または白《さ》湯《ゆ》（湯を冷ましたもの）

①利用者にいすに座ってもらう、またはベッドの上でからだを起こしてもらう。

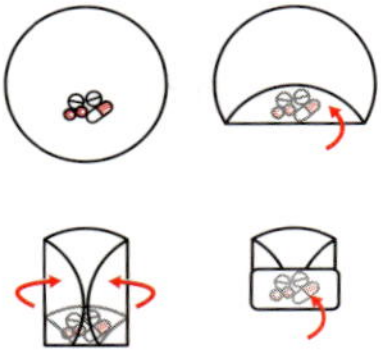

②薬を袋から取り出し、オブラートや内服用のゼリーで包む。

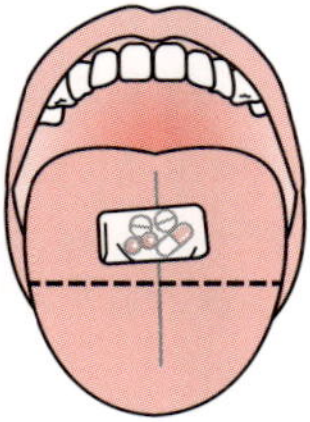

③薬を利用者に手渡すか薬を利用者の舌の上に置き、水や白湯とともに薬を飲んでもらう。

④薬を飲み込んだあと、もう一度水や白湯を飲んでもらう。

⑤口の中に薬が残っていないか確認し、利用者にはすぐに横にならないようにしてもらう。

手　順

●舌下錠

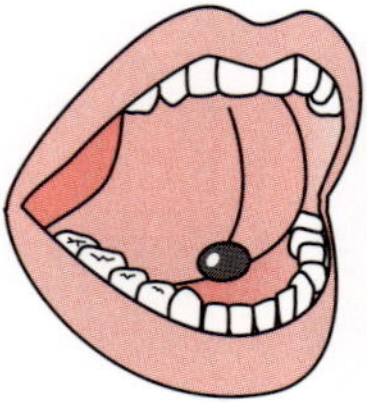

①狭心症などの発作が起きたら、保管場所から薬を取り出す。

②利用者の舌の下に錠剤を置く。口の中が乾いているときは、少し水を含ませる。

③事業所や医療職に連絡する。

※1錠で発作が治まらないときにどう対応するか、事業所や医療職とあらかじめ打ち合わせておく。

薬と飲食物の良くない組み合わせ

薬と飲食物の組み合わせによって、薬の効果が強くなったり弱くなったり、副作用が出たりと、からだに悪い影響が出ることがあります。利用者が服用している薬を把握し、組み合わせに注意しましょう。

［表］良くない組み合わせの例

飲食物	薬の例	よく含まれる薬の種類
グレープフルーツジュース	カルシウム拮抗薬	高血圧・心臓病の薬
納豆、クロレラ、青汁	ワルファリンカリウム	血栓症の薬
牛乳	ビサコジル、テトラサイクリン系、ニューキノロン系	下剤、風邪薬、抗菌薬
カフェイン	テオフィリン、シメチジン	喘息治療薬
チーズ、ワイン（チラミンを含むもの）	フェニルプロパノールアミン	胃酸抑制薬、総合感冒薬、鼻炎薬

利用者の羞恥心への配慮がポイント

坐薬を挿入するときは、タオルなどをかけて、不必要な露出を避けるようにしましょう。

坐薬は肛門に挿入し、解熱・消炎・鎮痛や吐き気止め、排便を促すために用います。医師から処方されている場合は、利用者の羞恥心に配慮して介助を行いましょう。

気をつけること

- 利用者には排尿・排便を済ませてもらう
- 坐薬は体温で溶けるため、直接手で持たないようにする
- 坐薬は冷蔵庫などの冷暗所で保管する
- 坐薬についている名前や種類、使用期限などを確認する
- 利用者は口で呼吸してもらい、腹圧をかけないようにする必要がある

手　順

必要なもの：坐薬／潤滑油／使い捨て手袋／ガーゼまたはトイレットペーパー／タオル

①介護職は、手を洗い、使い捨て手袋を装着する。

②利用者を左側を下にした側臥位にし、下着を下ろし、タオルなどをかける。

③坐薬に潤滑油を塗り、肛門に4～6cm挿入する。

④坐薬が出てこないように、ガーゼやトイレットペーパーで肛門を1～2分間押さえる。

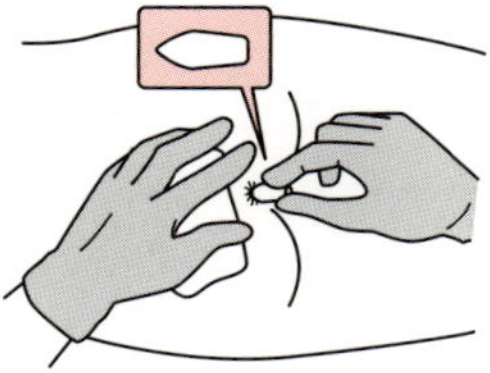

こんなときは事業所や医療職に連絡！

坐薬が半分溶けている、5分以上経って坐薬が体外に出てきたとき。ショック症状を起こしたとき。

鼻腔粘膜への薬剤噴霧

点鼻薬を使いすぎないことがポイント

点鼻薬を使うとすぐに鼻づまりが治まりますが、医師の指示を守り、使いすぎないようにしましょう。

点鼻薬は、アレルギー性鼻炎や鼻づまりなどの鼻の炎症を抑えるために、医師から処方されます。鼻に滴下するタイプと噴霧するタイプがあります。

気をつけること

- 感染や異物混入を防ぐため、容器の口が鼻にくっつかないようにする
- 点鼻薬を使いすぎるとかえって鼻づまりが起こってくるので、1日の使用回数や使用量などを医療職に確認しておく
- 複数の点鼻薬を使う場合は、次の点鼻を5分ほど待ってから行う

手　順

●鼻に滴下するタイプ

①鼻をかんで鼻腔の通気をよくしてもらう。

②いすに座り頭を後ろに傾けるか、仰向けの姿勢をとってもらう。

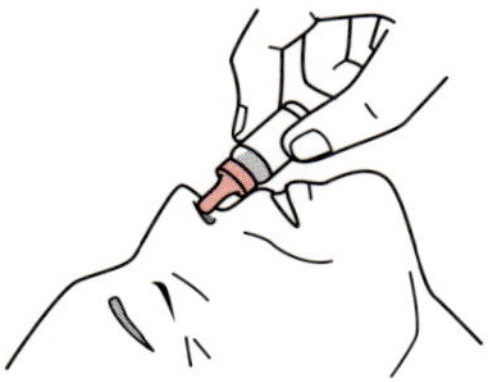

③滴下する。

④2～3分ほどそのままの姿勢を保つ。

●鼻に噴霧するタイプ

①鼻をかんで鼻腔の通気をよくしてもらう。

②いすなどに座ってうつむいてもらう。

③噴霧する。

④容器の先端を拭き、ふたをする。

一定の条件の下で介護職員が行える処置（医療行為）（p.57）

口腔内・鼻腔内、気管カニューレからのたんの吸引

手早く効率よく吸引するのがポイント

吸引中は、利用者はとても苦しいので、1回の吸引を10～15秒におさえましょう

利用者が自分でたんを出せない場合に、講習を受け「認定特定行為業務従事者」としての修了証を交付された介護職員が一定の条件の下、施設内で口や鼻の中および気管カニューレ内部からたんや唾液《だえき》の吸引をします。放っておくと気道がふさがれ、呼吸困難や誤嚥を招き、窒息により命を落とす危険もあります。

気をつけること

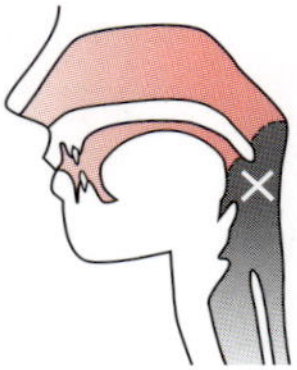

- 介護職が行えるのは、口腔内（咽頭の手前まで）・鼻腔内・気管カニューレ内のたんの吸引である
- 吸引チューブを奥に入れ

すぎないようにする

手　順

●口腔内・鼻腔内からのたんの吸引

必要なもの：吸引器／吸引チューブ／使い捨て手袋／洗浄水／アルコール綿など

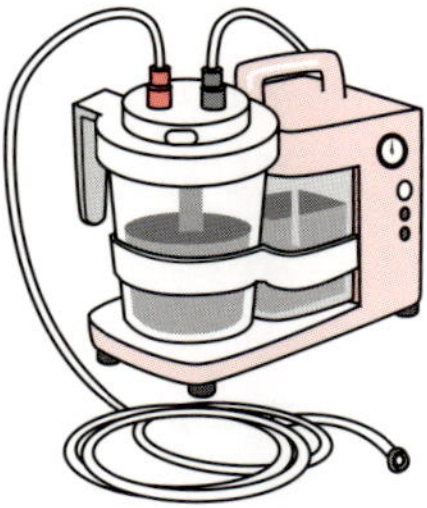

①介護職は、しっかり手を洗い、必要なものを用意する。

②利用者に吸引について説明する。

③吸引の環境と利用者の姿勢を整える。

④使い捨て手袋を装着する。

⑤吸引チューブを清潔に取り出し、吸引器の連結管につなげる。

⑥吸引器のスイッチを入れ、決められた吸引圧になっているか確認する。

⑦利用者に吸引を開始することを伝える。
⑧吸引チューブを口腔内／鼻腔内に静かに入れて、吸引する。
⑨吸引チューブを静かに抜く。
⑩吸引した後、チューブの外側を先端に向かってアルコール綿などで拭き、洗浄水を吸引してチューブの内側を洗い流す。
⑪吸引器のスイッチを切る。
⑫使い捨て手袋をはずして、手を洗う。

●気管カニューレからのたんの吸引

必要なもの：吸引器／吸引チューブ／滅菌使い捨て手袋／洗浄水／アルコール綿など

①介護職は、しっかり手を洗い、必要なものを用意する。
②利用者に吸引について説明する。そのときに気管カニューレを観察する。
③吸引の環境と利用者の姿勢を整える。
④滅菌使い捨て手袋を装着する。
⑤吸引チューブを清潔に取り出し、吸引器の

連結管につなげる。
⑥吸引器のスイッチを入れ、決められた吸引圧になっているか確認する。
⑦利用者に吸引を開始することを伝える。
⑧吸引チューブを素早く挿入して､吸引する。
⑨吸引チューブを静かに抜く。
⑩吸引した後、チューブの外側を先端に向かってアルコール綿などで拭き、洗浄水を吸引してチューブの内側を洗い流す。
⑪吸引器のスイッチを切る。
⑫滅菌使い捨て手袋をはずして、手を洗う。

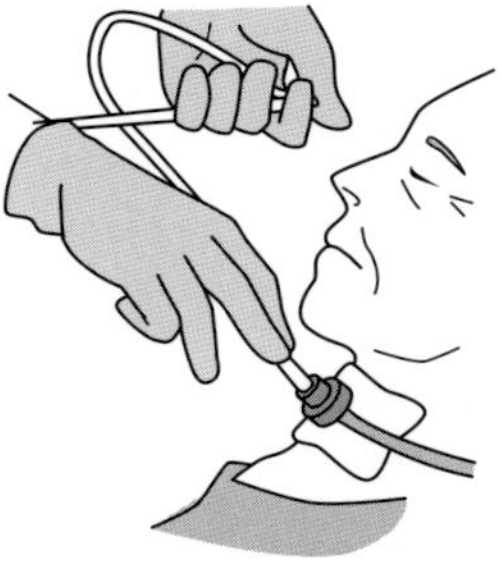

胃ろうによる経管栄養の準備と観察

栄養剤の温度と注入速度に気をつける

栄養剤の温度と注入速度によっては下痢などの症状が出るため、気をつけましょう。

口から食事をとることができない利用者には経管栄養を実施します。鼻や胃などに管を通して栄養を補給する方法で、利用者の大切な食事です。50時間の基本研修とシミュレーターによる演習、実地研修を行い、試験に合格し、「認定特定行為業務従事者」としての修了証が交付された介護職員が、一定の条件の下で実施できます。

気をつけること

- 栄養剤は人肌程度（37～38℃）に温める。温度が高いと消化管に炎症を、温度が低いと腹痛や下痢などを起こす危険性がある
- 栄養剤の注入速度に気をつける。速いと腹

部膨満や下痢などを起こす危険性がある

- 栄養剤の注入後は、使ったものに栄養剤が残らないように、毎回よく洗う
- 経鼻経管栄養でチューブが抜けたときは、必ず医療職に連絡する。介護職がチューブを入れてはいけない

手　順

●胃ろう

必要なもの：液体栄養剤／イルリガートル／カテーテルチップシリンジ（50mL）／白湯／注入用フックや点滴スタンドなど

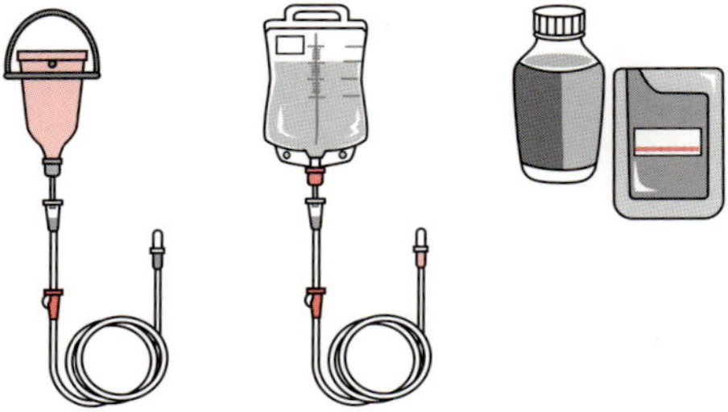

①介護職は、しっかり手を洗い、栄養剤と必要なものを用意する。

②利用者の本人確認を行い、経管栄養について説明する。

③経管栄養の環境と利用者の姿勢を整える。栄養剤の注入には時間がかかるため、からだを起こした安楽な姿勢をとってもらう。

④栄養剤をイルリガートルに入れ、注入用フックや点滴スタンドなどにつるす。

⑤医療職員が注入を開始するため、注入中は利用者の状態を観察する。

⑥注入後、利用者に伝えて接続をはずし、胃ろうチューブにカテーテルチップシリンジで白湯を流す。利用者にはしばらくの間上体を起こしてもらう。

⑦使ったものを片づける。

※たんの吸引および経管栄養についての手順は概略です。実際には医師の指示書にもとづき医療職と連携して行うことになり、より詳細な手順が組み込まれます。

経管栄養のイロイロ

経管栄養には、胃ろうのほかに、腸ろうや経鼻経管栄養があります。

- 胃ろう

胃ろうは、手術によってお腹から胃に向かって管を通し、管から栄養剤を注入する方法です。栄養剤の挿入が終わったら、管に蓋をしておくことができます。

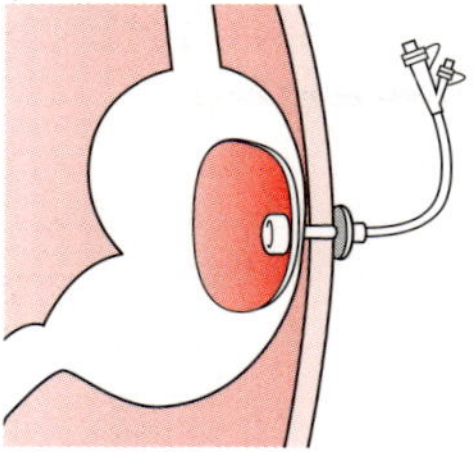

- 腸ろう

腸ろうは、手術によってお腹から腸に向かって管を通したものです。腸ろうは、胃ろうがつくれないときに造設されます。

● 経鼻経管栄養

鼻の穴から胃までチューブを通し、栄養剤を挿入する方法です。チューブが抜けかかると誤嚥につながるため、チューブの位置の確認と栄養剤注入中の体位が大切です。

※チューブの位置の確認は医療職が行います。

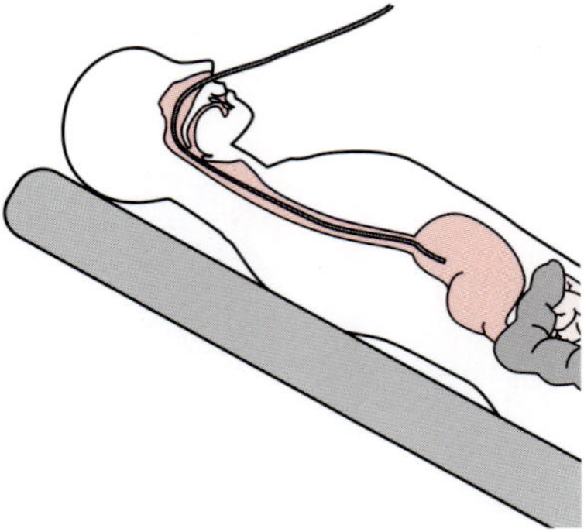

【MEMO】

【MEMO】

【監修者略歴】

内田　千恵子（うちだ　ちえこ）

1989年特別養護老人ホーム「大塚みどりの郷」入職。介護課長、ホームヘルパーステーション管理者（兼務）、2005年より同施設の施設長に就任。現在、公益社団法人日本介護福祉士会副会長、NPO法人東京都介護福祉士会副会長として活動中。株式会社あいゆうサポート代表取締役。

篠﨑　良勝（しのざき　よしかつ）

1969年生まれ。茨城県出身。筑波大学大学院（教育研究科・障害児教育専攻）修了。2002年4月から介護情報誌『かいごの学校』（日本医療企画）初代編集長。2005年4月から八戸学院大学人間健康学部専任講師。現在は准教授。専門は介護労働学、福祉社会学。

●編集協力／有限会社エイド出版
●表紙デザイン／能登谷　勇
●表紙イラスト／どい　まき
●本文イラスト／佐藤加奈子

介護のしごとが楽しくなるこころシリーズ 4
事例で学ぶ　介護サービス NG 集

2013 年 10 月 15 日　初版第 1 刷発行

監　修　者　内田千恵子・篠崎良勝
企画・制作　株式会社ヘルスケア総合政策研究所 ©
発　行　者　林　　諄
発　行　所　株式会社日本医療企画
〒101-0033
東京都千代田区神田岩本町 4-14 神田平成ビル
TEL.03-3256-2861（代）
http://www.jmp.co.jp/
印　刷　所　大日本印刷株式会社

ISBN978-4-86439-201-3 C3036　　Printed in Japan, 2013
（定価は表紙に表示してあります）